JACQUES PRÉVERT
GUIGNOL

ILLUSTRATIONS
D'ELSA HENRIQUEZ

Collection
PLANÈTE PRÉVERT
dirigée par Jean-Paul LIÉGEOIS

le
cherche
midi

GUIGNOL

UNE PETITE PLACE

Il neige à gros flocons.
Un Monsieur traverse la scène.
Il est encombré de paquets et d'un petit arbre de Noël.

LE MONSIEUR, *d'une voix fluette, autoritaire mais désappointé* : Taxi... Taxi... Taxi !!!

Ses appels ne rencontrent aucun écho.
Un individu s'approche.

L'INDIVIDU : Bonsoir, monsieur.
LE MONSIEUR : Mais je n'ai pas l'honneur de vous connaître.
L'INDIVIDU : Ne vous excusez pas, tout l'honneur est pour moi.
LE MONSIEUR : Mais...
L'INDIVIDU : Je voulais seulement vous demander si vous aviez du feu.
LE MONSIEUR, *excédé* : Taxi ! Taxi ! Taxi ! *(À l'individu :)* Vous voyez bien que je ne fume pas.
L'INDIVIDU : Moi non plus, hélas !... Je voulais seulement vous demander si vous aviez du feu chez vous.
LE MONSIEUR : En voilà une question. Taxi ! Taxi !
L'INDIVIDU : Ne vous excusez pas... c'est des choses qui arrivent à des gens très bien. *(Il appelle à son tour :)* Taxi ! Taxi !

Sa voix est beaucoup plus forte que celle du Monsieur.

LE MONSIEUR : Taxi ! Taxi ! Taxi...
L'INDIVIDU : L'hiver s'annonce mal, vous ne trouvez pas ?
LE MONSIEUR, *pour dire quelque chose* : Si... un temps à ne pas mettre un chien dehors !

Un chien arrive.

LE CHIEN : À qui le dites-vous ! *(Il se bat les flancs.)* Br... br... br...

Mais le Monsieur, guettant au loin un taxi éventuel, ne remarque pas l'animal.

L'INDIVIDU, *au chien, l'écartant d'une tape affectueuse mais ferme* : Oh ! toi, je t'en prie, ne te mêle pas de la conversation.
LE CHIEN : J'ai pas dit grand-chose...
LE MONSIEUR : Taxi ! Taxi ! Taxi...
LE CHIEN : J'ai seulement dit Br... br... br... *(Il s'éloigne, tout en répétant :)* Br... br... br...
LE MONSIEUR, *à l'individu* : Vous parlez tout seul... vous disiez ?
L'INDIVIDU : Je disais... Br... br... br...
LE MONSIEUR : Ça, on ne peut pas dire le contraire... Br... br... br ! Enfin, ne nous plaignons pas... un temps de saison... un beau temps pour le Réveillon ! Taxi ! Taxi !
L'INDIVIDU, *hurlant* : Taxi ! Taxi !... *(Puis baissant la voix :)* Oui, tout à l'heure vous l'avez dit vous-même... un temps à ne pas mettre...
LE MONSIEUR : ... un chien dehors... Parfaitement, je l'ai dit et je le maintiens... Taxi ! Taxi !
L'INDIVIDU : Un chien, passe encore... Mais toute une famille...
LE MONSIEUR : ... Bien invraisemblable ! Taxi ! Taxi ! Évidemment, il y a la crise du logement... mais tout de même, un jour comme aujourd'hui... Dieu n'abandonne pas les siens... Taxi ! Taxi ! Enfin l'Armée du Salut...
L'INDIVIDU : ... c'est pas fait pour les chiens... et puis... il y a les porches des églises... les bouches de métro... les ponts...
LE MONSIEUR : Bien sûr... bien sûr... et la Sainte Famille elle-même n'a-t-elle pas couché aussi à la Belle étoile... Taxi ! Taxi ! *(Il reprend :)* Il est vrai que c'était en Égypte... température ambiante...
L'INDIVIDU : Un peu de camping... Taxi ! Taxi ! *(Brusquement :)* Vous habitez loin ?
LE MONSIEUR : Loin, c'est beaucoup dire... Enfin, j'habite aux environs...
L'INDIVIDU : Taxi ! Taxi ! *(Un taxi arrive.)*... En voilà un.

Le taxi s'arrête.

LE CHAUFFEUR : C'est pour aller où ?
L'INDIVIDU, *grand geste large* : Aux environs !
LE MONSIEUR, *confus* : Je vous en prie... ce taxi est à vous... c'est vous qui l'avez appelé.
L'INDIVIDU : Mais non, voyons... vous étiez là avant moi... Ne vous excusez pas... Montez donc... Je vous en prie... c'est la moindre des choses... vous m'en voyez ravi... et puis, une politesse en vaut une autre...
LE CHAUFFEUR : L'adresse ?
LE MONSIEUR, *fastueux* : 1, Grande-Rue !

Il s'installe dans le taxi et, stupéfait, constate que l'individu s'installe à côté de lui.

LE MONSIEUR : Mais vous... où allez-vous ?
L'INDIVIDU : Moi, je vous accompagne.
LE MONSIEUR : Oh !!!

Le taxi démarre.
Le chien bondit, s'installe à côté du chauffeur.
Le paysage démarre. (Flocons de neige. La nuit est tombée, et la neige tombe dans la nuit.)

LE CHAUFFEUR : Tiens, ils ont un chien.
LE MONSIEUR : Et ce chauffeur qui a un chien !
L'INDIVIDU : Vous n'en avez pas, vous ?
LE MONSIEUR : Je vis seul, moi ! Ab-so-lu-ment seul !
L'INDIVIDU : Jolie maison ?
LE MONSIEUR, *évasif* : Modeste pavillon.
L'INDIVIDU : Ne vous excusez pas... Et on vous attend pour le Réveillon ?
LE MONSIEUR, *hors de lui* : Non... on ne m'attend pas... et je n'attends personne... je suis seul... je vous l'ai déjà dit !
L'INDIVIDU : Ne vous excusez pas... tout le monde peut se répéter... Et l'arbre alors, c'est pour qui ?

LE MONSIEUR : Pour moi ! *(Soudain rêveur :)* J'accroche chaque année les jouets de mon enfance. J'étais un enfant modèle, MOI, je n'abîmais pas mes jouets... Ils sont encore aujourd'hui à l'état de neuf.
Je n'ai jamais joué avec, chaque année, je les mettais dans un tiroir, pour l'année prochaine. *(Catégorique :)* Il faut toujours avoir des jouets devant soi ! *(Lyrique :)* Et j'ai des centaines de bougies... mais je ne les allume jamais... puisque j'ai l'é-lec-tri-ci-té.
(À nouveau rêveur :) Et puis à la radio, j'écouterai la Messe de Minuit... pas la peine de se déranger... Et puis je lirai un bon livre et... je m'endormirai.

L'INDIVIDU : Et la dinde truffée ?

LE MONSIEUR : Croyez bien que je ne l'ai pas oubliée... D'ailleurs j'ai des dindes vivantes en quantité... et puis des marrons d'Inde, comme s'il en pleuvait. Je prends mes précautions... S'il y avait la guerre... sait-on jamais !

L'INDIVIDU : Vous avez fait beaucoup de provisions ?

LE MONSIEUR : Beaucoup, c'est beaucoup dire ! Mais enfin... les guerres d'aujourd'hui ne durent que quelques années !

L'INDIVIDU : Évidemment... ça devait être plus délicat pendant la guerre de Cent Ans.

LE MONSIEUR : Dieu nous préserve d'une pareille calamité.

L'INDIVIDU : Et c'est grand chez vous ?

LE MONSIEUR : Spacieux !

L'INDIVIDU : Avez-vous une chambre d'amis ?

LE MONSIEUR : Non. J'ai une petite mansarde pour une petite bonne, mais... les petites bonnes d'aujourd'hui ont de ces exigences... de même, je n'ai pas de jardinier, et pourtant... j'ai un jardin.

LE CHIEN, *se mêlant à la conversation* : Est-ce qu'il y a une niche ?

LE MONSIEUR : Pardon ?

LE CHIEN, *hurlant* : Une niche... une belle niche !

LE MONSIEUR : Pardon ?

L'INDIVIDU : C'est le chauffeur qui demande si vous êtes riche.

LE MONSIEUR, *outré* : Est-ce que ça le regarde celui-là ! En voilà une question... riche... bien sûr, je ne suis pas riche comme Crésus... mais enfin, je ne suis pas non plus pauvre comme Job. Un juste milieu, quoi ! Je ne roule pas sur l'or... mais je ne manque de rien. D'ailleurs chez moi c'est un principe.

Ne jamais manquer de rien, se contenter de ce qu'on a, tout est là !
L'INDIVIDU : Et si l'on a rien ?
LE MONSIEUR : Rien, c'est tout de même quelque chose. Pas grand-chose, bien sûr... mais tout de même... hein ! Pas grand-chose, ça vaut mieux que rien.

Le taxi s'arrête devant la grande porte d'un très coquet petit pavillon.

LE CHAUFFEUR : 1, Grande-Rue, voilà !
LE MONSIEUR : Je suis arrivé. *(Il descend, et s'adressant à l'individu :)* Vous gardez le taxi ?
L'INDIVIDU : Qu'est-ce que vous voulez que j'en fasse ?
LE MONSIEUR, *suffoqué* : Oh !
L'INDIVIDU : Je l'avais appelé pour vous et comme nous sommes venus ensemble, pourquoi ne pas descendre de même ?
LE MONSIEUR : Mais vous déraisonnez, mon ami.
LE CHAUFFEUR : Je ne suis pas pressé, mais le compteur tourne.
LE MONSIEUR : Oh ! pardon. Mais qu'est-ce que vous voulez... et puis, je suis embarrassé...

Il agite ses bras encombrés de paquets.

L'INDIVIDU : Vous permettez ? *(Il fouille dans la poche du Monsieur.)* ... la moindre des choses. *(Il tend un billet au chauffeur :)* Tenez... aujourd'hui c'est fête, gardez la monnaie.
LE CHAUFFEUR : Merci.

Le taxi démarre.

LE MONSIEUR, *hurlant* : Mais vous lui avez donné mille francs.
L'INDIVIDU : Peu importe, c'est le geste qui compte. La façon de donner vaut mieux que ce qu'on donne.
LE MONSIEUR, *de plus en plus affolé* : Mais enfin, je ne sais pas moi... c'est de la folie... Qui êtes-vous ? Et où allez-vous ?
L'INDIVIDU : Chez vous.
LE MONSIEUR, *hurlant* : Mais voyons, mon ami, mon pauvre ami, je ne vous ai pas invité !

L'INDIVIDU : Simple oubli, comment un ami comme moi pourrait-il vous en vouloir ?
LE MONSIEUR, *étouffant* : Mais je ne suis pas votre ami, moi !
L'INDIVIDU, *très affectueux* : Mais moi, je suis le vôtre... vous venez de le dire vous-même... mon ami, mon pauvre ami !
LE MONSIEUR, *hurlant* : Mais j'ai dit ça en terme de dérision, en terme de mépris !
L'INDIVIDU : Comment pourrais-je vous en vouloir ?

Le Monsieur pose ses paquets, se fouille...

L'INDIVIDU : Qu'est-ce que vous cherchez ?
LE MONSIEUR : Ma clef !!!

Il entre chez lui. La lumière s'allume. L'autre veut entrer aussi.

LE MONSIEUR, *hurlant* : Sortez, vous entendez !
L'INDIVIDU : Je suis à peine entré.
LE MONSIEUR, *de plus en plus affolé* : Mais je suis ici chez moi.
L'INDIVIDU : Bien sûr... *(Le poussant :)* ... et moi aussi... je suis chez vous.
LE MONSIEUR, *s'étranglant* : C'est bien ce que je vous reproche.
L'INDIVIDU : Moi, je ne vous en dirai pas autant. *(Il le pousse à nouveau et l'entraîne à l'intérieur.)* Très joli chez vous... tous mes compliments !

UNE ROUTE SOUS LA NEIGE

Le taxi en marche.
Le paysage défile avec la nuit, la neige.
Le chien est toujours à côté du chauffeur.

LE CHAUFFEUR, *découvrant soudain le chien* : Comment, tu n'étais pas avec eux ?
LE CHIEN, *précisant* : J'étais avec l'un d'eux.

LE CHAUFFEUR : Avec lequel ?
LE CHIEN : Avec celui qui t'a payé la course.
LE CHAUFFEUR : Eh bien !... il s'est pas foutu de moi. Jamais vu pourboire pareil.
LE CHIEN : Mon maître est généreux... comme la plupart des gens qui n'en ont pas les moyens.
LE CHAUFFEUR : Où vas-tu ?
LE CHIEN, *laconique* : Chercher les autres.
LE CHAUFFEUR : Les autres ?
LE CHIEN : Trop long à t'expliquer.
LE CHAUFFEUR : Oh ! tu sais... je ne suis pas curieux. *(Soudain :)* ... mais tout de même, c'est formidable !
LE CHIEN : Quoi ?
LE CHAUFFEUR : On m'avait dit que la nuit de Noël les bêtes parlaient et je ne voulais pas le croire.
LE CHIEN : Les bêtes parlent tous les jours, mais les hommes ne les entendent que les jours de fête... Tiens, par exemple, si tu m'avais vu cet été... non seulement je parlais, mais je chantais... Je dansais... *(Rêveur :)* Il est vrai que c'était le 14 juillet !

Le taxi continue son chemin.

L'INTÉRIEUR DU MONSIEUR

Grande salle.
L'arbre de Noël est en place.
Les jouets sont accrochés.
L'individu allume les bougies, cependant que le Monsieur donne libre cours à sa délirante et croissante indignation.
On entend la radio.
Musique religieuse, comme il sied.

LE MONSIEUR, *hurlant de plus belle* : Mais qui vous a permis... d'allumer mes bougies... des bougies d'avant-guerre et de quand j'étais

petit !

L'INDIVIDU, *très maître de lui* : Un arbre de Noël sans bougies allumées ce serait comme à Versailles si, le jour des Grandes Eaux, on négligeait d'ouvrir les robinets !

LE MONSIEUR : Ah !!!

L'INDIVIDU : Un cigare !

LE MONSIEUR : Comment ?

L'INDIVIDU : Oh ! je ne vous offre pas un cigare, sûrement vous le fumerez après le Réveillon... Mais moi, j'aimerais bien en fumer un avant... *(Prenant la boîte... :)* Ne vous excusez pas, d'autant plus qu'ils ont l'air très bon. Et croyez bien que je n'aurais pas, un jour comme aujourd'hui, l'impolitesse de vous refuser ce cigare... *(Il l'allume.)* ... quand bien même vous pousseriez la délicatesse jusqu'à ne pas oser me l'offrir.

LE MONSIEUR : Youyouyoue...

L'INDIVIDU : Ne vous excusez pas, mon ami... mon riche ami ! *(Rêveur :)* Pourtant, on se connaît depuis peu, mais c'est fou ce que vous pouvez ressembler à une foule de gens que je n'ai jamais vus !

LE MONSIEUR : Ah !

L'INDIVIDU, *prenant une boîte dans l'arbre de Noël* : Oh !

LE MONSIEUR : Quoi, oh ?

L'INDIVIDU : La jolie boîte à musique. *(Il arrête la radio.)*

LE MONSIEUR, *affolé* : Ma boîte à musique... 25 décembre 1896... c'est gravé... et jamais... vous entendez... jamais je ne l'ai remontée.

On entend la musique.
Elle est très jolie.

L'INDIVIDU : L'air ne vous plaît pas ?

LE MONSIEUR : La question n'est pas là... *(Les yeux embués de larmes :)* ... mais si on la remonte trop souvent, un jour le ressort cassera !

L'INDIVIDU : Et si on ne la remonte jamais ?

LE MONSIEUR, *très grave* : C'est un air qui se conservera pendant des jours, des mois, des années et des siècles ! *(Grand geste.)* Pour la postérité. *(Il reprend la boîte.)* Cette boîte, je la reprends... Allez-vous-en. *(À nouveau hurlant :)* Sortez, vous entendez !

L'INDIVIDU : Sortir ?... Je crois plutôt qu'il est l'heure de mettre le couvert.

LE MONSIEUR : Oh !
L'INDIVIDU : La table n'est pas grande, mais elle est ronde... on se serrera un peu.
LE MONSIEUR : Se serrer un peu !... *(Bafouillant :)* Mais nous ne sommes que deux, et vous êtes en trop.
L'INDIVIDU : Bien sûr, vous êtes tout seul... mais nous serons plusieurs, puisque j'attends du monde.
LE MONSIEUR, *effondré* : Vous attendez du monde !!!
L'INDIVIDU : Oh ! pas grand monde... rassurez-vous. Ma petite famille, tout simplement.

On entend de joyeux aboiements.

VOIX DU CHIEN : Ouah... ouah... ouah...
L'INDIVIDU : Tenez, les voilà justement.

La petite famille arrive.
Le chien coiffé d'un haut-de-forme, une jeune femme, un petit garçon avec une cage et dedans un oiseau... et puis un chat avec une cage et dedans une souris.

LE CHIEN : Ouah ! ouah ! ouah ! Joyeux Noël ! Noël ! Noël ! Noël ! Et joyeux ouah ! ouah ! ouah !
LE CHAT : Miaou ! miaou ! miaou ! Et joyeux Noël itou !

Soudain, le petit garçon s'arrête devant l'arbre.

LE PETIT GARÇON : Oh ! des jouets ! des jouets !
LE MONSIEUR, *hurlant* : Mes jouets !
LE PETIT GARÇON, *sans l'entendre* : La locomotive... *(Il prend la locomotive.)*
LE MONSIEUR : Ma locomotive... de mes douze ans... 25 décembre 1903... c'est gravé sur le tender.
LA JEUNE FEMME, *à l'individu* : Est-ce qu'il y a un joli lit ?
LE MONSIEUR, *hurlant* : Vous n'allez pas coucher dans mon lit.

L'INDIVIDU, *très poli* : Est-ce que je vous demande si vous allez coucher sous les ponts ?
LE MONSIEUR : Et moi, où je coucherais alors ?
L'INDIVIDU, *de plus en plus maître de maison* : Dans la chambre de bonne, ou d'ami, si vous préférez.
LE MONSIEUR : Mais les carreaux sont cassés.
L'INDIVIDU : Quoi de plus facile à réparer. *(À son petit monde, avec une désinvolte autorité :)* Allez, tous ensemble avec moi !

Il entrouvre la porte et crie d'une voix chantante : « Oh ! vitrier ! »
La jeune femme, l'enfant, le chien, l'oiseau, le chat et la souris mêlent leurs voix à la sienne : « Oh ! vitrier ! Oh ! vitrier ! Oh ! vitrier ! » etc.
Le vitrier arrive.

LE VITRIER : Je passais par là.
L'INDIVIDU : Un verre de champagne ?
LE VITRIER : C'est bon, le champagne !
L'INDIVIDU, *débouchant la bouteille* : Boum ! Et puis c'est pratique... Pour le bordeaux rouge... *(Désignant le Monsieur :)* Monsieur a caché le tire-bouchon.
LE MONSIEUR : Oh ! oh ! oh !... !!! De l'air... de l'air... j'étouffe.

Tout le monde trinque.

L'INDIVIDU, *au vitrier* : Excusez-nous, ce n'était pas la peine de vous déranger... pour avoir un peu d'air, rien ne vaut les carreaux cassés !

Le vitrier se retire, pendant que le Monsieur, derrière lui, sur le pas de la porte, appelle à l'aide, en poussant des cris perçants.

LE MONSIEUR : Au secours ! À l'aide ! Au scandale ! Au voleur ! SOS... n'importe quoi... Police-Secours... À l'assassin !... Au feu !... Au fou ! Au fou ! Au fou ! Au fou !...

Un gendarme arrive.

LE GENDARME : Enfin, voyons... une nuit de Noël... tapage nocturne... on n'a pas idée... crier au fou... *(Brusquement :)* Qui a crié au fou ?... Où est-il, le fou ?

LE MONSIEUR : C'est moi.

LE GENDARME : Ah ! c'est vous !

LE MONSIEUR, *bafouillant de plus en plus* : C'est moi qui ai crié au fou, à l'assassin, au voleur, ainsi de suite... enfin bref, excusez-moi... mettez-vous à ma place... je... SOS, enfin... *(Hurlant :)* Je ne sais plus ce que je dis !

LE GENDARME, *sentencieux* : Si tous les fous savaient ce qu'ils disent ! *(Aux autres :)* Il est dangereux ?

L'INDIVIDU : Lui... mais c'est le meilleur homme de la terre... le cœur sur la main... l'hospitalité écossaise... et pour ne rien vous cacher... eh bien ! si c'était ici la maison du Bon Dieu, on ne serait pas mieux.

LE MONSIEUR, *exténué* : Ah !

L'INDIVIDU, *au gendarme* : Un peu de champagne ?

LE GENDARME : Ça ne serait pas de refus, mais je suis en service commandé.

L'INDIVIDU : Évidemment, service... eh bien ! emmenez la bouteille.

Le gendarme prend la bouteille, va sortir, mais revient.

LE GENDARME : Mais elle est vide.

L'INDIVIDU, *désignant le Monsieur effondré* : Croyez bien qu'il ne vous l'aurait pas donnée si elle était pleine... excusez-le... il n'a pas sa tête à lui !

Le gendarme s'en va.

LE GENDARME, *en s'en allant* : Et ils appellent ça l'hospitalité écossaise !

Le petit garçon remonte à nouveau la boîte à musique.

LE MONSIEUR, *les bras au ciel* : Oh ! Justice immanente, que fais-tu ? *(Hochant fébrilement la tête :)* J'appelle la police... elle arrive et elle s'en va... sans demander son reste !

L'INDIVIDU : Que voulez-vous... question de délicatesse... elle n'était pas invitée... et puis, hein, entre nous, mon brave, mon riche ami, avouez que vous n'êtes pas tous les jours à pareille fête... *(Désignant son petit monde :)* Regardez... ils mettent le couvert.

LE CHIEN, *avec une exquise politesse* : Je sais que ce n'est pas l'usage de manger dans la vaisselle de l'établissement, soit... je mangerai par terre, mais de bon appétit, si vous me permettez de ranger soigneusement les os sur le tapis.

L'INDIVIDU, *au Monsieur* : Vous voyez qu'il n'est pas fier.

LE MONSIEUR, *blême et cramoisi* : Assez ! Assez ! Arrêtez la musique !... Vous m'avez coupé l'appétit. Il est tard et je tombe de sommeil. *(Hurlant :)* Allez-vous-en, allez-vous-en, allez-vous-en !

LE PETIT GARÇON, *à son père* : Qu'est-ce qu'il dit ?

L'INDIVIDU : Il tombe de sommeil... et il chasse d'avance ses mauvais rêves... *(Aux autres :)* Chassons-les avec lui.

TOUS ENSEMBLE : Allez-vous-en, mauvais rêves, de ce brave homme. Allez-vous-en et laissez-le dormir en paix. Il nous laissera souper tranquilles. Ce sera toujours ça de gagné. Demain il fera jour pour son petit déjeuner !

LE MONSIEUR, *les interrompant avec l'énergie du désespoir, jointe à la force de l'inertie* : Oh !... je tombe de sommeil, c'est une affaire entendue... mais je ne veux pas me coucher. Je veux rester debout, vous entendez... *(Il s'assoit...)* ... ou assis, parce que je suis fatigué ! *(Hurlant de plus en plus fort :)* Arrêtez MA boîte à musique... ou ma musique va s'abîmer !

L'INDIVIDU : Bon.

La boîte à musique s'arrête. La radio reprend. Musique religieuse de Bon Aloi.

L'INDIVIDU, *d'une voix très douce, comme s'il parlait à un enfant* : Voyons, soyez raisonnable... Il faut dormir... *(Le menaçant gentiment du doigt :)* ... ou sans ça... le marchand de sable va passer !

LE MONSIEUR : Quoi... des balivernes pareilles... à un homme de mon âge et de ma valeur !

L'INDIVIDU : Je vous dis qu'il va passer... *(Il entrouvre la porte, et s'adressant aux autres :)* Allez, tous ensemble ! Marchand de sable... Marchand de sable !

TOUS ENSEMBLE : Marchand de sable ! Marchand de sable...

Le marchand de sable arrive.

LE MARCHAND DE SABLE, *fort aimable* : Vous m'avez appelé ? *(D'un air entendu :)* Où est l'enfant ?

L'INDIVIDU, *désignant le Monsieur* : Pour ne rien vous cacher... c'est déjà un enfant d'un certain âge.

LE MARCHAND DE SABLE, *examinant le Monsieur* : Eh oui... un « grand enfant »... à ce que je vois... *(Doucement menaçant :)* Et il ne veut pas dormir, ce petit chérubin !

LE MONSIEUR : Non. *(Hurlant :)* Le petit chérubin ne veut pas dormir !

LE MARCHAND DE SABLE : Voyons... c'est le bon marchand de sable qui est là... Que préfères-tu... j'ai du sable fin... et du sable mouillé... j'ai du sable pour les pâtés... du sable du désert et du sable pour les sabliers... *(S'adressant aux autres :)* Je vois ce que c'est, il paraît bien fatigué... *(Hochant la tête :)* C'est sans doute pour un dernier sommeil que vous m'avez appelé.

LE MONSIEUR, *terrorisé* : Oh !!!

LE MARCHAND DE SABLE, *aux autres* : En ce cas, inutile de faire des frais... si vous avez une bonne cave, à quoi bon un caveau de famille. *(Hochant la tête :)* Quatre grands sacs de sable, deux grands sacs de terre... cela fera l'affaire. Pourquoi faire des dépenses inutiles, quand on peut s'endormir chez soi... en famille !

LE MONSIEUR, *hurlant* : Allez-vous-en... allez-vous-en... *(Ne trouvant plus ses mots :)* Partez... filez... chassez... mauvais rêves !

LE MARCHAND DE SABLE, *piqué au vif* : Mauvais rêve ! Vous pourriez être poli, galopin !

L'INDIVIDU : Excusez-le... il n'a pas sa tête à lui.

LE MARCHAND DE SABLE, *extrêmement mécontent* : Moi, j'ai ma tête à moi et j'ai compris, ça va, excusez-vous de m'avoir dérangé, je n'ai plus rien à faire ici !

Le marchand de sable, dépité, disparaît dans un nuage de fumée.

LE MONSIEUR, *affolé* : Allons bon... il y a le feu, maintenant !
LA JEUNE FEMME, *d'une voix douce et charmante* : Mais non, voyons... le feu... en voilà une idée... C'est tout bonnement le marchand de sable qui vient de disparaître dans un nuage de fumée !
LE MONSIEUR : Vous avouerez tout de même que c'est une façon bien cavalière de prendre congé. *(Hochant la tête :)* Ce triste individu m'a coupé l'appétit.
LE CHIEN, *agacé* : Mais vous n'aviez pas faim !
LE MONSIEUR, *excédé* : Oh ! vous, l'animal, de quoi vous mêlez-vous ?
LE CHIEN, *très calme* : Je me mêle de la conversation.
LE MONSIEUR, *à nouveau en transe* : En voilà assez... il y a des moments où je ne sais plus ce que je dis... et pourtant je dis ce que je sais... enfin je sais ce que parler veut dire... et je disais... je disais... *(Hurlant à nouveau :)* Et après tout est-ce que c'est ma faute si je l'ai oublié ?... *(Se calmant :)* Mais tout de même vous me permettrez d'ajouter... *(Hurlant :)* Enfin prouvez-moi le contraire si vous l'osez ! Oh ! *(Éclatant en sanglots :)* Si vous croyez que c'est drôle de ne pas avoir faim quand on a les moyens de manger. *(Reprenant le dessus :)* Un peu de musique, s'il vous plaît.
L'INDIVIDU : Mais c'est la moindre des choses... La boîte ?
LE MONSIEUR : Non, la radio.
L'INDIVIDU : C'est toujours une boîte, on ne va pas se disputer pour une histoire de couvercle.

Il tourne le bouton de la radio.
Des voix indéniablement radiophoniques se font entendre.
Les voix d'un petit chœur indéniablement publicitaire.

LES VOIX DU CHŒUR : Kidordine... kidordine... Kidordine... kidordine... Kidordine... kidordine...
LE MONSIEUR, *soudain béat* : Joli... *(Il fredonne avec le chœur :)* Kidordine... kidordine... c'est gentil comme tout, ce petit air de rien du tout... c'est frais... coquet... pimpant... léger...

Mais la voix du speaker se joint aux voix du chœur et couvre celle du Monsieur.

VOIX DU SPEAKER ET DU CHŒUR : Kidordine... kidordine... Un cachet de Kidordine. Pour les sous-alimentés. Pas besoin d' faire la cuisine. Vous dormez et vous rêvez. Kidordine... kidordine... Tout's les cloches de Notre-Dame ne pourraient vous réveiller.
LE MONSIEUR : Joli... et très intéressant.
LES VOIX : Kidordine... kidordine... Vous pouvez réveillonner avec deux ou trois cachets.
VOIX DU SPEAKER : Kidordine... en vente dans toutes les pharmacies qui se respectent... Le sommeil du juste et l'appétit de l'ogre... Économique et agréable... Pour les économiquement faibles. La vitamine A.B.C.D. La panacée universelle. Kidordine... kidordine... Kidordine... kidordine... L'essayer, c'est l'adopter.
L'INDIVIDU, *au Monsieur* : Kidordine... Vous ne l'avez jamais essayé ?
LE MONSIEUR, *sursautant* : Mais je ne suis pas sous-alimenté.
L'INDIVIDU : Bien sûr... mais ce soir vous êtes à jeun... et vous devriez essayer... *(Lyrique :)* C'est merveilleux ! Tenez... *(Il sort une boîte de sa poche.)* ... notre provision pour une semaine... pour le petit, ma femme et moi... c'est notre régime lacté.

En sourdine on entend toujours, à la radio, l'air salutaire de Kidordine.

LE CHIEN : Excusez-moi... de me mêler encore à la conversation... c'est l'instinct... oui... j'ai l'instinct de conversation... Eh bien ! pour ne rien vous cacher, une fois, j'ai pris un cachet... *(Lyrique :)* ... et j'ai rêvé !
LE MONSIEUR, *méprisant et agacé* : ... de gigot, bien entendu !
LE CHIEN : Non... j'avais un collier de fleurs... et je folâtrais dans les jardins suspendus.
LE CHAT : Et moi j'ai rêvé d'une jolie chatte... mais je ne vous en dirai pas plus.
LE PETIT GARÇON : Et moi, toujours je rêve que nous sommes très heureux.
L'INDIVIDU, *secouant le Monsieur* : Vous voyez !
LE MONSIEUR : Non, je ne vois rien !

L'INDIVIDU, *au chien* : Une carafe. *(Au chat :)* Un verre. *(Les animaux s'empressent.)* ... Vous allez voir.
LE MONSIEUR, *protestant* : Mais je ne veux pas...
L'INDIVIDU, *conciliant* : Si on faisait ce qu'on veut dans la vie !

Soudain, on entend une petite voix... c'est le canari.

LE CANARI, *dans sa cage* : ... J'ai rêvé que je m'évadais de cette cage... et que je visitais Paris.
LA SOURIS : Et moi j'ai rêvé que ma cage était un fromage... Emmental pour préciser... première qualité.
L'INDIVIDU, *au comble de l'enthousiasme* : Vous entendez...

Il tourne le bouton de la radio et le refrain publicitaire prend de l'ampleur : « Kidordine... kidordine... »

Les animaux arrivent avec le nécessaire.

L'INDIVIDU : Allez, ne vous faites pas prier...

Les animaux aident « leur maître ».
La femme et l'enfant chantent.
Le canari et la souris aussi.

LE CHŒUR : Kidordine... kidordine...
LE MONSIEUR, *à bout de force* : Bon, c'est bien pour vous faire plaisir.
L'INDIVIDU : Là... voilà. À la bonne heure. Vous ne pouviez pas me refuser ça... Vous voyez... mon ami, mon riche ami... je ne suis pas arrivé chez vous les mains vides... et allez... *(Lyrique :)* Largesse... largesse... aujourd'hui c'est fête... ne vous gênez pas... faites comme chez vous... prenez toute la boîte !

Les animaux l'aident.

LE MONSIEUR, *se débattant* : Oh ! Oh !
L'INDIVIDU : Enfin, ne criez pas comme ça... Vous n'êtes pas chez le dentiste... *(À son fils :)* La boîte à musique.

Le refrain de Kidordine s'arrête et l'air de boîte à musique – une très jolie berceuse.

    LE MONSIEUR, *d'une voix lasse et lointaine* : Oh ! je m'endors... mais je ne vois pas grand-chose...
    L'INDIVIDU, *conciliant* : Sans doute que vous n'avez jamais rien vu... Mais ne perdez pas patience... vous rêverez peut-être de petites choses sans importance.
    LE PETIT GARÇON : Oh ! il ronfle.
    L'INDIVIDU : Bon signe. S'il ronfle, c'est qu'il dort. *(Aux animaux :)* Emmenez-le coucher.
    LE CHIEN : Où ça ?
    L'INDIVIDU : En voilà une question... *(Fastueux :)* Dans ma chambre d'ami.
    LA JEUNE FEMME : Mais les carreaux sont cassés.
    L'INDIVIDU : Est-ce que c'est ma faute ? *(Aux animaux qui sont partis :)* Couvrez-le bien, le froid pourrait le réveiller.

La boîte à musique joue maintenant un petit air très joli et très gai.
L'individu et la jeune femme dansent, tendrement enlacés.
Les animaux reviennent.

    LE CHIEN : Il dort du sommeil du juste... il ne prendra pas froid... nous avons tiré sur lui six couvertures... il en avait deux douzaines.
    LE CHAT, *d'une voix très douce* : Et la nuit est étoilée... demain il fera jour et reviendra le vitrier.
    L'INDIVIDU : Et maintenant en place pour le Réveillon... *(S'adressant au public :)* Mais nous ne gaspillerons pas les provisions... Notre généreux ami et mécène dormira au moins une semaine... et nous pourrons ici fêter la nouvelle année. Bonsoir, bonne nuit, le couvert est dressé, le rideau peut tomber !

Jacques Prévert, Elsa Henriquez et GUIGNOL

Jacques Prévert (1900-1977)

L'œuvre de Jacques Prévert, par sa richesse et sa diversité, constitue une rareté dans l'histoire du xxᵉ siècle. Peu d'auteurs de cette période ont embrassé comme il l'a fait autant de domaines artistiques : la poésie, le cinéma, le théâtre, la chanson, les arts plastiques, les écrits pour la jeunesse...

Ses poèmes

Dès sa parution en 1946, **Paroles**, le premier livre de Jacques Prévert, a connu un immense succès de librairie. Succès qui ne s'est pas démenti et qui défie le temps. Jamais auparavant un recueil de poésie n'avait atteint un tel tirage : d'abord des dizaines de milliers d'exemplaires, très vite des centaines de milliers, désormais des millions...

D'autres recueils ont suivi – **Spectacle**, **La Pluie et le Beau Temps**, **Histoires**, **Fatras**, **Imaginaires**, **Choses et autres**, **Hebdromadaires** – qui ont fait de Prévert le plus lu de tous les poètes de langue française.

Jacques Prévert aimait les poètes, de Victor Hugo à Henri Michaux, en passant par ses amis Robert Desnos, Raymond Queneau, Paul Eluard, André Verdet et Boris Vian. Mais il donnait de la poésie une définition bien peu orthodoxe : « *La poésie est partout comme Dieu n'est nulle part. La poésie, c'est un des plus beaux surnoms de la vie.* » Surtout, il ne revendiquait pas pour lui-même le titre de poète : « *On m'appelle poète, je n'y peux rien. Moi, je n'ai jamais eu de carte de visite avec marqué poète.* » Il détestait les étiquettes, toutes les étiquettes ; il s'amusait volontiers à se moquer de celle qu'on lui avait collée : « *Les poètes, c'est fait pour s'asseoir dessus.* »

Ses films

S'il ne voulait pas être enfermé dans sa renommée de poète, c'est également parce qu'il y voyait au mieux un mensonge par omission, au pire une restriction délibérée : ceux qui ne parlaient que de ses livres semblaient oublier que son œuvre n'avait pas commencé avec **Paroles** ! En fait, Prévert était devenu populaire bien avant d'entrer en littérature.

À partir de 1927, tout en continuant de participer aux activités des surréalistes (il rompra avec eux en 1930), il s'était consacré au cinéma, enchaînant synopsis, scénarios et dialogues. Il fut en premier et resta longtemps un « écrivain de cinéma » : en 1965 et 1966 encore, furent réalisés deux films qu'il venait d'écrire pour la télévision, **La Maison du passeur** et **À la belle étoile**. Sa vie durant, il dira et redira que c'était là le seul métier qu'il ait jamais choisi, qu'il ait jamais aimé exercer : le cinéma.

Il est l'auteur de plusieurs dizaines de films, tournés par de nombreux réalisateurs à partir de ses textes : par son frère Pierre Prévert, par Claude Autant-Lara, Marcel Carné, Jean Renoir, Jean Grémillon, Christian-Jaque, Jean Delannoy, Paul Grimault, etc. Il est notamment le scénariste ou le dialoguiste, voire les deux à la fois, de **L'affaire est dans le sac**, **Voyage surprise**, **Le Crime de Monsieur Lange**, **Drôle de drame**, **Le Quai des brumes**, **Remorques**, **Le jour se lève**, **Les Visiteurs du soir**, **Les Enfants du paradis**, **Les Amants de Vérone**, **Notre-Dame de Paris**, etc.

Son théâtre

Parallèlement à ses débuts cinématographiques, Jacques Prévert s'était investi dans le théâtre. Pendant cinq ans de 1932 à 1936, il avait régulièrement livré des textes à une jeune troupe, le groupe Octobre, qui les avait créés au fur et à mesure, joués dans les lieux les plus insolites (kermesses, salles de réunion, fêtes, vitrines de grands magasins, maison des Syndicats, mur des Fédérés), représentées jusqu'à Moscou. Il faudra attendre 2007 pour que l'ensemble de ses écrits dramatiques de la période, féroces et engagés, soit rassemblé et publié. Et pour qu'on en mesure l'ampleur : l'ouvrage **Octobre** ne réunit pas moins d'une quarantaine de pièces, monologues, sketches et chœurs parlés. Sans oublier les chansons.

Ses chansons

Les Feuilles mortes, paroles de Prévert, musique de Kosma, est l'une des chansons les plus célèbres du répertoire français. Devenue « standard » de jazz à partir des années 1950, reprise par Sarah Vaughan, Nat King Cole et Miles Davis, elle a fait connaître Jacques Prévert dans le monde entier. Mais cette chanson-là ne doit pas occulter toutes les autres dont il est l'auteur.

Il avait écrit sa première chanson, **Les animaux ont des ennuis**, avec Christiane Verger en 1928 ; ils en ont cosigné une quinzaine par la suite. Il avait rencontré Joseph Kosma en 1935 ; en vingt ans de collaboration, ils ont produit quelques chefs-d'œuvre en plus des **Feuilles mortes** (**La Chasse à l'enfant**, **En sortant de l'école**, **Barbara**, **Les Enfants qui s'aiment**, **Chanson des cireurs de souliers**, **Chanson dans le sang, Dans ma maison...**) et attiré les meilleurs interprètes (Marianne Oswald, Germaine Montero, Cora Vaucaire, Juliette Gréco, Yves Montand, Mouloudji, les Frères Jacques, Serge Reggiani, Jean Guidoni).

Christiane Verger et Joseph Kosma ne sont pas les seuls noms à retenir : Hans Eisler, Wal-Berg, Louis Beissières, Henri Crolla, Georges Auric, Jean Wiener et Sebastian Maroto, pour ne citer qu'eux, ont également mis des textes de Prévert en musique, des dizaines et des dizaines de textes. Il ne fallait pas demander à Prévert combien il avait écrit de chansons, il ne le savait pas !

Ses livres d'art et ses collages

Tout autant attiré par les images que par les mots, Jacques Prévert a entretenu la même complicité avec les peintres et les photographes qu'avec les metteurs en scène de cinéma : il a écrit pour eux, ils ont inventé des images pour lui. Avec eux il a fait de belles équipes et des ouvrages superbes et singuliers : **Grand bal du printemps** et **Charmes de Londres** avec le photographe Izis, **Diurnes** avec Pablo Picasso et le photographe André Villers, **Couleurs de Paris** avec le photographe Peter Cornelius, **Le Cirque d'Izis** avec Marc Chagall et Izis, **Les chiens ont soif** avec Max Ernst, **Varengeville** avec Georges Braque, **Fêtes** avec Alexander Calder, **Adonides** avec Joan Miro. Tous de véritables livres d'art.

Prévert aimait tellement les images qu'il a fini, simplement avec de la colle et des ciseaux, par créer les siennes : ses collages. Pendant les trente dernières années de sa vie, il en a conçu et réalisé des centaines. Il en a glissé quelques-uns dans deux de ses recueils, **Fatras** et **Imaginaires**, il en a montré d'autres dans quelques rares expositions... Mais les collages de Jacques Prévert constituent un continent dont une grande partie n'a pas encore été explorée.

En 1957, à Paris, en parcourant la première exposition de collages de Prévert, Picasso n'avait pas caché son admiration : *« Jacques, tu ne sais pas peindre mais tu es peintre ! »*

Ses livres pour enfants

« *Les enfants ont tout, sauf ce qu'on leur enlève* », a écrit Jacques Prévert qui ne leur a rien volé mais leur a beaucoup donné : nombre de contes, d'histoires et de poèmes. Ce n'est pas par hasard qu'il est l'auteur contemporain le plus présent dans les livres et les établissements scolaires de la Francophonie.

Si plusieurs livres pour la jeunesse sont parus après sa mort sous sa signature, Prévert n'y est pour rien : ces volumes *post mortem* ont été constitués à partir de textes extraits de ses recueils et ont été ornementés sans qu'il puisse se prononcer. Mais de son vivant, il n'avait conçu et publié que six livres pour les enfants ! Des livres exigeants et méticuleux.

Ces six-là ont été élaborés selon la même méthode que ses livres d'art : Prévert les a cosignés en association avec des « inventeurs d'images » qu'il a lui-même élus. Ces six-là seulement, pas un de plus : **Contes pour enfants pas sages** et **Guignol** (avec des peintures d'Elsa Henriquez), **Le Petit Lion** et **Des bêtes** (avec des photographies d'Ylla), **Lettre des îles Baladar** (avec des dessins d'André François), **L'Opéra de la lune** (avec des images de Jacqueline Duhême).

Deux films pour enfants dont Prévert est le coauteur ont fait l'objet d'une version livresque : **Bim, le petit âne** (de Jacques Prévert et Albert Lamorisse) et **Le Roi et l'Oiseau** (de Jacques Prévert et Paul Grimault).

Après la publication de **Charmes de Londres** en 1952, Jacques Prévert avait offert à sa fille Michèle, encore enfant, un exemplaire de l'ouvrage qu'il avait auparavant enluminé à sa manière : de chaque photo d'Izis il avait fait un collage signé Prévert. Cet exemplaire privé a été édité en 1999 : le cadeau de Jacques Prévert à Minette – c'est ainsi qu'il la surnommait – est devenu un présent pour tous les petits et grands.

Elsa Henriquez (née en 1921)

Fille de la danseuse péruvienne Helba Huara, épouse du peintre et photographe français Émile Savitry, Elsa Henriquez a passé sa vie à peindre.

C'est à elle qu'est dédié l'un des poèmes les plus connus de **Paroles** : *Pour faire le portrait d'un oiseau*. La raison en est simple : avant de figurer en 1946 dans le premier recueil de Prévert, ce texte et sa dédicace avaient d'abord été publiés en 1943 en ouverture du catalogue de la première exposition personnelle d'Elsa Henriquez.

Elle était alors une jeune artiste inconnue, elle n'avait jamais exposé auparavant, elle avait tout juste vingt-deux ans, mais Jacques Prévert avait déjà repéré ses œuvres : ses peintures, ses dessins. Et il avait tenu à dire haut et fort combien il aimait cet art au féminin qui constituait, en pleine guerre, en pleine oppression, un appel instinctif à la liberté.

L'exposition avait été organisée à Monaco, du 10 au 25 janvier 1943. Dans le catalogue, en plus de son poème dédicacé, Jacques Prévert avait également signé un portrait pénétrant d'Elsa Henriquez : « *Avec une stupéfiante innocence, avec l'inconscience tranquille de l'enfance, elle vous livre tout un petit monde raisonnable et fou, un petit monde irréel ressemblant et vrai, un petit monde bouleversant et plein de grandeur naturelle.* »

Plus tard, en 1959, à l'occasion d'une exposition parisienne de l'artiste, Prévert refusera d'annexer Elsa Henriquez à une école picturale et soulignera son style atypique, donc inclassable : « *Est-elle un peintre de la réalité ? Autant demander si Django Reinhardt est un musicien du dimanche !* »

Remarquée par Jacques Prévert en 1942, Elsa Henriquez est devenue son illustratrice en 1946, sa première illustratrice.

GUIGNOL

Paru en Suisse en 1952, **Guignol** est le second des deux livres pour enfants que Jacques Prévert et Elsa Henriquez ont confectionnés ensemble. Auparavant, en 1947, ils avaient publié à Paris **Contes pour enfants pas sages** qu'ils avaient préparé au cours de l'année 1946. Par ailleurs, Elsa Henriquez a pris l'initiative de mettre en images deux textes de Jacques Prévert : elle a signé vingt-huit illustrations pour le poème Pour faire le portrait d'un oiseau en 1953 et trente illustrations pour le poème Histoire du cheval en 1954. **Pour faire le portrait d'un oiseau** a été édité en livre, en format de poche[1], en 1984.

En intitulant **Guignol** une courte pièce[2] destinée à un jeune public, Jacques Prévert a voulu indiquer explicitement qu'il se réclamait du modèle de théâtre populaire de marionnettes inventé à la fin du XVIIIe siècle par le Lyonnais Laurent Mourguet. La référence est d'autant plus mise en avant que le personnage de Guignol n'existe pas sous ce nom dans le texte de Prévert ! Il a été remplacé par « L'individu », son équivalent moderne.

Chez Mourguet, Guignol était le représentant des ouvriers de la soie, des fameux Canuts de la chanson[3] en butte à un ordre social injuste ; et il combattait en toutes circonstances le gendarme de service, figure d'autorité de cette injustice organisée, à grands coups de bâton. Pas de « baston » chez Prévert : quand L'individu (avec un i minuscule) – exemple durable du « misérable » façon Victor Hugo, porte-parole naturel des sans-logis et des SDF de toutes les époques – s'en prend au Monsieur (avec un M majuscule) – personnification des privilégiés en tous genres –, il le fait seulement avec des mots. Le faible ridiculise le fort, le désarçonne, le neutralise et le contraint finalement à l'accueillir chez lui par la seule habileté de son langage.

Non violent et débrouillard, L'individu de Jacques Prévert renvoie à Charlot, au Charlot des premiers courts métrages de Charlie Chaplin. **Guignol**, c'est un peu un Charlot chez les riches que le Chaplin des débuts aurait très bien pu imaginer et tourner...

Les illustrations d'Elsa Henriquez campent le décor, ou plutôt les décors successifs, du « petit théâtre » de Prévert : elles ne figent pas l'histoire, elles l'animent. Elles font de **Guignol** un livre habité par ce « petit monde irréel ressemblant et vrai » dont parlait Jacques Prévert en 1943. Les images sont en osmose avec les mots... comme si le « petit monde » d'Elsa et celui de Jacques ne faisaient qu'un. De fait, ils ne font qu'un : c'est l'absolue réussite de l'ouvrage.

Épuisé et introuvable depuis un demi-siècle, l'album **Guignol** n'avait jamais été repris dans son format initial. La présente édition, estampillée 2007 et conforme à celle de 1952, restitue à l'ouvrage sa place dans l'œuvre de Jacques Prévert et le propose aux lecteurs de tous âges (pas seulement aux enfants !) dans sa seule version authentique.

Jean-Paul Liégeois

---

1. In collection Folio Benjamin (Gallimard Jeunesse).
2. Guignol a été créé sur scène à Saint-Jeannet (Alpes-Maritimes) en août 1969.
3. La Chanson des Canuts a notamment été interprétée par Yves Montand. Elle avait été inspirée à son auteur, Aristide Bruant, par l'insurrection lyonnaise des ouvriers des soieries de novembre 1831 : 26 000 soldats furent nécessaires pour l'étouffer dans le sang.